Como implantar uma Área de
COMUNICAÇÃO INTERNA

Como implantar uma Área de COMUNICAÇÃO INTERNA

Nós, as Pessoas, fazemos a diferença

Guia prático e reflexões

Mauad X

www.mauad.com.br
mauad@mauad.com.br

Projeto Gráfico:
Tatianna Togashi/Casa do Cliente

Foto do Autor:
Virna Santolia

CIP–BRASIL. CATALOGAÇÃO NA FONTE
SINDICATO NACIONAL DOS EDITORES DE LIVROS, RJ.

C563c

Clemen, Paulo
Como implantar uma área de comunicação interna: nós, as pessoas, fazemos a diferença: guia prático e reflexões/Paulo Clemen. – Rio de Janeiro: Mauad, 2005.
il. 82p. ; 14cm x 21 cm

ISBN 85-7478-169-X

1. Comunicação nas organizações. 2. Comunicação administrativa. 3. Cultura organizacional. 4. Relações humanas. I. Título.

CDD – 658.45
CDU – 658.45

Agradecimentos

Para minha mãe, Anna, e à memória de meu pai, João, que me ensinaram a ver e viver o mundo – com todas as suas diferenças. Para minha mulher, Jaíra Reis, que me faz questionar e compreender o mundo – com sua belíssima consciência social e crítica.

À diversidade de comportamentos, percepções e vivências com as quais lido desde minha infância através de meus irmãos – João, Zé e Fatinha.

Para as meninas que me cercam e me mimam: minha segunda mãe, D. Maria, minha filha, Taís, com sua visão cada vez mais aguçada para a Comunicação, e minhas netas, Juliana e Carolina.

Para toda a Equipe da Casa do Cliente Comunicação e Marketing, que coloca o coração e a energia da paixão em tudo que faz. Se citasse todos os nomes, precisaria de mais duas páginas, mas faço questão de registrar o quanto cada um é especial no meu crescimento e na minha evolução.

Aos meus sócios, Vanessa Aguiar e Marcus David, por renovarmos juntos, embalados pela energia criadora e pela fé da Jaíra, a confiança e a esperança em nós mesmos e na nossa capacidade de seguir em frente, para concretizar a nossa missão e o nosso sonho: a construção de uma empresa com alma.

Agradecimentos

À minha coach *empresarial, Elizabeth Valeriano, que me estimulou a concretizar este projeto e outros que ainda estão por vir.*

Aos amigos de coração e editores, Isabel Mauad e Zygmunt Filipecki Jr., por acreditarem no projeto do livro e por tudo o mais que representam, há tantos anos, em minha vida.

Pela especial atenção do autor Roberto de Castro Neves, que assina o prefácio, por suas críticas e pela sua capacidade de ser "pura provocação" quando o assunto é Comunicação.

Finalmente, àquelas pessoas que, junto com a minha família, considero o meu maior patrimônio: os meus amigos, com os quais renovo diariamente a confiança e a certeza de que poderemos sempre contar uns com os outros.

Índice

Prefácio

Para felicidade geral da nação, há, hoje, um consenso de que só existe uma Comunicação Empresarial eficaz: a Integrada. Noutras palavras, não há mais lugar para escaramuças departamentais – ou funcionais – isoladas. A Empresa deve assegurar-se de que está levando a mesma mensagem para todos os públicos com os quais, de uma maneira ou de outra, se relaciona no exercício de sua atividade. Comunicação Integrada é aquela que, sem esquecer as características e os protocolos específicos de cada público em particular (clientes, investidores, público interno, formadores de opinião, opinião pública, etc), subordina-se a um único processo. Comunicação Integrada não é a soma das comunicações segmentadas, e sim o resultado sinérgico dessas comunicações.

Não significa dizer que a Comunicação com cada público em particular é tarefa secundária. E fácil. Longe disso. Cada público tem suas particularidades, sensibilidades, idiossincrasias, protocolos, cosmovisão. Públicos têm agenda e forma de pensar próprias; requerem abordagens adequadas. Portanto, a Comunicação com cada segmento é uma arte e um desafio.

Paradoxalmente, uma das comunicações mais desafiantes é aquela com o público que julgamos ser o que mais conhecemos: o Público Interno. As razões do desafio são várias: a natureza do relacionamento, a proximidade do emissor com o receptor, a intimidade entre as partes, a extensão da agenda comum, o nível de expectativas lado a lado, o *portfolio* de conflitos, e sobretudo, a influência da comunicação informal. Nenhum público é tão criativo na geração de boatos nem tão sensível aos seus efeitos quanto o público interno.

Isto posto, devemos celebrar a publicação de COMO IMPLANTAR UMA ÁREA DE COMUNICAÇÃO INTERNA. Em boa hora, o conceituado Paulo Clemen coloca ao alcance de todos nós – empresários, profissionais do mercado, estudiosos da matéria – a sua rica experiência, adquirida em anos de janela como profissional do setor. O autor classifica o seu trabalho como sendo um "guia prático". Modéstia do autor. Este trabalho é muito mais que um simples guia. Bem estruturada, numa linguagem leve, acessível, ágil, esta publicação informa tudo que se precisa conhecer para implantar uma área de Comunicação Interna, da conscientização ao desenvolvimento de planos estratégicos. De quebra, somos brindados com importantes reflexões. Pensamento e ação.

*Roberto de Castro Neves**

**Autor de "Imagem Empresarial", "Comunicação Empresarial Integrada" e "Crises Empresariais com a Opinião Pública". Foi Vice-Presidente de Recursos Humanos e Assuntos Externos da IBM, além de ter ocupado outras funções executivas, tais como consultor de imagem para toda a América Latina e membro do Comitê Executivo da empresa no Brasil.*

Apresentação

Você sabia que embora 88% das empresas considerem a Comunicação Interna extremamente importante, apenas 58% possuem uma Área estruturada para a comunicação ao público interno? E que em 44% das empresas o processo de Comunicação Interna fica a cargo do RH?

Esses são alguns dos resultados obtidos na Pesquisa "Retrato da Comunicação Interna"* realizada no 30º RH – Rio. Outros pontos relevantes também foram apontados e merecem a nossa atenção especial.

Somente 42% dos entrevistados consideram que a comunicação de sua empresa é objetiva, isto é, planejada e adequada à compreensão dos funcionários. O restante da amostra avalia que a Comunicação Interna encontra-se nos seguintes estágios: multidirecional (21%), ou seja, há várias fontes de emissão, sem uma harmonização da comunicação, o que provoca dispersão nas rotinas

** Pesquisa realizada pela Casa do Cliente Comunicação e Marketing – empresa da qual Paulo Clemen é sócio e também responsável pelas Áreas de Atendimento e Planejamento – em parceria com a Cooperativa de Profissionais de Pesquisa – Coopesquisa, na 30ª edição do Congresso Estadual de Recursos Humanos (RH-Rio), o mais importante evento do setor no Rio de Janeiro, promovido anualmente pela Associação Brasileira de Recursos Humanos (ABRH-RJ).*

e atitudes dos funcionários; turbilhão (18%), em que são disparadas informações parciais e, às vezes, conflitantes, provocando confusão no ambiente corporativo; perdida (10%), com a comunicação sofrendo diversas interferências no trajeto e não atingindo os alvos pretendidos pela empresa; e, finalmente, boca no trombone (8%), aquela em que uma pessoa ou Área da empresa é responsável pelo conteúdo da comunicação e a repassa conforme sua disponibilidade para todos.

Se considerarmos a posição estratégica que a Comunicação ocupa na gestão empresarial e, especialmente, o papel da Comunicação Interna em transmitir aos funcionários os objetivos, a missão e os valores da empresa, gerando motivação, produtividade e resultados, você já pode perceber que as empresas estão perdendo a oportunidade de fazer de seus profissionais verdadeiros aliados do negócio e co-responsáveis pelo sucesso e desempenho da Organização. O que se vê é uma prática calcada basicamente na interação pessoal que os funcionários conseguem desenvolver no dia-a-dia: na medida do possível, eles entram em consenso e colaboram para a realização dos objetivos da empresa. Vamos mudar este cenário?

* * *

Meu objetivo, como autor e profissional da Área, é provocar as Organizações a enxergarem a Comunicação Interna como uma solução para os questionamentos internos realizados pelas Pessoas. Aqui, você encontra uma forma prática de pensar como a Área de Comunicação Interna pode ser estratégica e, principalmente, como as Pessoas nas empresas – que prefiro chamar de Cidadãos Corporativos – podem colaborar para os resultados.

É assim que nós devemos perceber a Comunicação Interna. Uma forma de as Pessoas – os Cidadãos Corporativos – atuarem efetivamente nas Organizações, colocando-se em exposição sem medos e subterfúgios e permitindo um debate rico **sobre como posso fazer melhor**. Daí, o resultado.

Paulo Clemen

Capítulo 1

O que é Comunicação Interna. (Exercitando a Cidadania Corporativa)

"Tudo é comunicação." "Este problema é de comunicação." Você já deve ter ouvido essas e outras expressões como palavras de efeito nas bocas dos principais executivos das empresas. No entanto, precisamos sempre separar o joio do trigo. Temos que saber diferenciar um ato de comunicação interpessoal (uma das atribuições gerenciais), por exemplo, de um processo de comunicação interna que atinge a toda Organização.

Veja algumas das definições sobre Comunicação no *Dicionário Houaiss da Língua Portuguesa*: "ato ou efeito de comunicar(-se) (1) ação de transmitir uma mensagem e, eventualmente, receber outra mensagem como resposta (...) (2) a informação transmitida; seu conteúdo (...) (6) ato de conversar; conversação, colóquio (...) (8) exposição, oral ou escrita, sobre determinado tema de teor científico, administrativo, político, jornalístico, religioso etc."

Esses significados vêm reafirmar que o processo de comunicação faz parte da condição humana, toda vez que as Pessoas se organizarem em grupos. Assim, sempre haverá o processo de comunicação nas Organizações, mesmo que não haja uma Área profissionalmente estruturada.

Por este motivo, saber diferenciar e empregar corretamente os processos e ferramentas* de comunicação torna-se mais relevante e fundamental neste momento em que a prática organizada da Comunicação nas Organizações tem seu papel em debate e é avaliada como estratégica.

Ainda conforme Houaiss, a Comunicação Interna é aquela que se exerce entre a Instituição e o seu público interno e é diferente também da Comunicação Administrativa, conjunto dos meios e procedimentos utilizados em uma Organização para transmissão de informações, ordens, solicitações, orientações etc.

Os processos de Comunicação

De forma simples, podemos afirmar que a Comunicação é Integrada quando as Organizações estão preparadas para atuar em três instâncias, a partir de um processo interativo. A instância da Comunicação Interna, base de todo o processo, é realizada somente e exclusivamente com quem constrói a marca de uma empresa; a da Comuni-

---

* *Conheça, a partir da página 57, as principais ferramentas de comunicação utilizadas hoje pelas Organizações.*

cação Institucional é dirigida para a construção e consolidação da marca com mais públicos, através da visibilidade de suas práticas e políticas e, sobretudo, das ações de responsabilidade socioambiental da Organização; e a da Comunicação Mercadológica (Externa) é feita com foco no público consumidor da empresa.

Comunicação Mercadológica

+

Comunicação Institucional

+

Comunicação Interna

=

Comunicação Integrada

A Comunicação Interna

São inúmeras as terminologias e definições para Comunicação Interna. Alguns a denominam de Comunicação Corporativa. Outros, de Comunicação Empresarial. EndoMarketing ou Marketing Interno também são terminologias muito utilizadas para o simples ato de comunicar dentro de uma empresa. Na verdade, este ato é simples quando o processo de Comunicação Interna é valorizado e inerente à cultura da Organização. Mas, nem sempre esse é o cenário encontrado no meio empresarial. E, a partir daí, tudo passa a ser mais complexo.

Por esse motivo o foco deste livro é o processo interno de comunicação, que é muito mais do que os meios e procedimentos da Comunicação Administrativa com seus memorandos, atas de reunião etc. Por que devemos dar destaque particular à Comunicação Interna? Porque ela é a base de sustentação para qualquer processo bem-sucedido de Comunicação Integrada. Sem ela, falta sustentabilidade para qualquer outro processo de comunicação. Como poderá uma empresa falar de responsabilidade social ou fazer com que seus consumidores acreditem em seus produtos e serviços se seus funcionários desconhecem ou não participam das decisões internamente?

Ainda hoje, talvez o mais difícil seja as Organizações perceberem a função estratégica da Comunicação Interna para a geração de resultados. E esta percepção só mudará quando as empresas souberem lidar com as suas Pessoas, que prefiro chamar de Cidadãos Corporativos – como definiu com muita propriedade o autor e amigo Paulo C. Moura, infelizmente já falecido, que era doutor em Psicologia, membro do Clube de Roma, membro do *Institute for 21º Century Studies* e do Conselho de Desenvolvimento da PUC/RJ.

Em uma passagem do seu livro *Construindo o Futuro*, Paulo Moura já destacava que "uma mensagem parece se impor a todos os ambientes: a força de trabalho não responde apenas ao simples incentivo econômico. Salários e benefícios passam a ser vistos como simples direitos, mas não funcionam isoladamente como motivadores primários. O desejo e a demanda pela participação se impõem cada vez mais fortemente como sendo o **exercício da cidadania corporativa**. Afinal, uma democracia não deve ser julgada apenas pelo grau de liberdade que assegura, mas também pelo potencial de participação efetiva, e que permite às Pessoas causar algum impacto em tudo o que afeta suas vidas."

As pessoas interagem entre si e com as ferramentas

Quando o assunto é Comunicação Interna, estamos falando de Pessoas e de como elas interagem com as ferramentas de comunicação. Assim, devemos considerar que, inicialmente, o mais importante é estarmos atentos aos emissores e receptores das mensagens. É preciso avaliar se quem emite mensagens em nome da empresa está preparado para tal tarefa. E também de que forma a alta direção reafirma as mensagens (Afinal, nem sempre é ela quem emite as mensagens). Da mesma forma, precisamos perceber como a mensagem será recebida e quais serão os seus efeitos internos e impactos externos.

Em seguida, devemos estar atentos aos meios: a linguagem e as ferramentas. Defini-los é muito mais simples quando já conhecemos as Pessoas, isto é, os Públicos Emissores e os Públicos Receptores. Hoje, já são inúmeras as opções de ferramentas no meio empresarial. E não podemos esquecer que o céu é o limite quando queremos ser criativos no processo de Comunicação. Isto também se aplica cada vez mais à Comunicação Interna.

Código para a Cidadania Corporativa

Quando destaco a importância de sabermos lidar com os Cidadãos Corporativos, chamo atenção para alguns aspectos bastante relevantes para as empresas. Ao conjunto deles, que apresento a seguir, podemos chamar de Código para a Cidadania Corporativa:

- Os Líderes da empresa, que também são Cidadãos Corporativos, devem estar preparados para exercer a sua liderança. Além do profundo conhecimento técnico e das características que devem identificá-los como bons gestores e negociadores, é considerada relevante a forma como eles se relacionam com os demais Cidadãos Corporativos e como praticam a Comunicação.

- Não chamaremos mais os Líderes de "A Empresa", como se as decisões fossem tomadas por eles unilateralmente. Os Líderes podem ser chamados de Líderes propriamente ditos, ou gestores, gerentes, diretores, de acordo com a terminologia mais apropriada na Organização. "A Empresa" é formada por todos, inclusive pelos Líderes.

- Os Líderes devem apresentar aos demais Cidadãos o Planejamento Estratégico ou simplesmente os objetivos e metas de resultado traçados para a Organização.

- Os Cidadãos Corporativos, inclusive os Líderes, devem estar comprometidos com a Visão, Missão, Valores, Objetivos e Metas da empresa, tratando-os como a sua "Constituição" empresarial. No entanto, há algumas empresas que não têm esses aspectos formalmente definidos. A partir de apenas alguns princípios, previamente definidos pelo grupo, funcionam como o modelo constitucional inglês, que permeia muito bem toda a sociedade. Nem por isso essas empresas são mais ou menos fortes e preparadas para a concorrência estabelecida no mercado.

- As decisões e os desafios deverão ser compartilhados por todos.

- As vitórias devem ser comemoradas e as derrotas devem ser estudadas e corrigidas para futuros desafios.

- Cooperação e Confiança são as palavras de ordem para um melhor ambiente de trabalho e maior produtividade.

- Cidadãos Corporativos saudáveis para o ambiente de trabalho são aqueles que se comprometem a buscar uma melhor qualidade de vida nos mais diversos aspectos: físico, mental, profissional, social, emocional e espiritual.

- Todos devem ter em mente que os rumos da Organização influenciam diretamente os rumos da vida pessoal de cada um e vice-versa.

Se estamos trabalhando com o conceito de "Cidadãos Corporativos" para os funcionários, devemos perceber a empresa em que trabalham como a "Sociedade". Ela deve se organizar da mesma forma que o universo externo onde vivem os funcionários. Qualquer ação de Comunicação Interna nas empresas deve ser criteriosamente avaliada para a obtenção de efeitos positivos.

Você precisa ter em mente que as ações de Comunicação Interna têm o mesmo impacto que a comunicação global a que todos estamos submetidos no dia-a-dia, como, por exemplo, as notícias de um jornal de grande circulação, que permitem a formação de nossa opinião, ou as campanhas de produtos, que influenciam os nossos hábitos de consumo.

Capítulo 2

Por que devo implantar uma Área de Comunicação Interna na minha Empresa.

Os motivos já parecem ser óbvios. Mas, é sempre preciso reafirmá-los, passo a passo. Até porque nos servem como reflexão e, principalmente, como argumentos para defender a implantação e/ou a existência de uma Área de Comunicação.

1 • As empresas existem para atender a necessidades de serviços ou produtos de Pessoas ou Grupos de Pessoas, conhecidos como Clientes.

2 • As empresas são formadas por Pessoas (os Cidadãos Corporativos) que, reunidas, também formam um Grupo.

3 • Para atender bem aos Clientes, as empresas precisam ter diferenciais e alcançar resultados.

4 • Este Grupo de Pessoas que forma a empresa precisa ter um DNA Empresarial: características em comum e somente nela percebidas pelo Cliente.

5 • Internamente, este Grupo de Pessoas (os Cidadãos Corporativos) interage e forma a sua própria cultura organizacional.

6 • Baseadas na força de sua cultura é que as Empresas alcançam o sucesso empresarial.

7 • Este sucesso tem como conseqüência uma imagem de reputação e uma marca forte considerada pelos Clientes. Isto é sinônimo de resultado.

Mas, para serem bem-sucedidas neste passo a passo, as Empresas precisam perceber o quanto é estratégica a Área de Comunicação Interna. Para que você seja bem-sucedido no processo interno de convencimento na sua empresa, deve ter em mente ainda outros aspectos que garantem a conquista de espaço da Comunicação Interna na estrutura de sua Organização:

- É a partir da Comunicação Interna que as características do DNA Empresarial são reconhecidas e percebidas internamente. É com esta Área que se estabelece e se torna clara uma cultura e as Pessoas se reconhecem.

- Para isso, o processo de Comunicação Interna deve considerar a transparência com: os públicos-alvo, as mensagens e as linguagens adequadas, os momentos oportunos, o *mix* de ferramentas, e os resultados obtidos a partir da Comunicação realizada.

Os resultados são gerados pelas Pessoas

Se considerar que seu sucesso está relacionado somente aos seus equipamentos, instalações físicas, logística e produto, uma Empresa está fadada ao fracasso. Isto porque são as Pessoas e sua interação Interna nas Empresas as principais responsáveis pelos resultados positivos de uma Organização.

Mas, não podemos nos impregnar de radicalismo. É claro que as máquinas, o serviço, o produto, a logística e tudo mais também têm sua importância. Até porque são as Pessoas que fazem estas escolhas.

No entanto, as Pessoas são os principais agentes de quaisquer processos nas Empresas. Daí, a necessidade e a importância de destacar que as Organizações devem incluir mais um P no seu composto tradicional de marketing baseado nos 4P's*: o P de Pessoas. E, para isso, também devemos estar atentos em posicionar cada vez mais como estratégica a Área de Recursos Humanos.

O RH foi, até muito recentemente, o único representante corporativo responsável pelas Pessoas nas empresas. Ainda há pouco tempo, havia modelos organizacionais que isentavam a Área de Produção de quaisquer responsabilidades sobre a gestão das pessoas. Isto era responsabilidade exclusiva de Recursos Humanos.

** 4P's - Produto, Preço, Logística e Propaganda/Promoção.*

Ora, como poderíamos exigir de gerentes que cumprissem suas funções, como a comunicação interpessoal, se não eram imputadas a eles maiores responsabilidades em relação à equipe? A verdade é que as Pessoas, por anos a fio, foram algo problemático para as Organizações, que até então não sabiam lidar com suas razões e emoções, imputando às Áreas de Recursos Humanos esta responsabilidade, entre tantas outras tarefas.

As empresas devem rever sempre seus modelos

A reorganização do meio ambiente empresarial é contínua. Tornou-se lugar comum, nos últimos anos, tomarmos conhecimento de empresas admiradas que quebram; grandes marcas que se tornam fraudes, através da maquiagem de números e resultados; fusões e aquisições de empresas que desconsideram totalmente as Pessoas que nelas trabalham. Mas, aos poucos, em substituição, vêm surgindo no cenário empresarial Organizações que consideram resultados muito mais do que simples números. Esta nova empresa está atenta à participação dos seus funcionários e quer estar entre as melhores corporações para se trabalhar. Ela percebe que o valor de sua marca está atrelado aos seus Cidadãos Corporativos.

Ainda se considerarmos a semântica da palavra **Organização**, percebemos que a ação de se organizar é um ato humano que envolve disciplina e harmonia. Adicionando as habilidades e experiências das Pessoas e considerando as suas emoções podemos afirmar que uma Organização é um sistema vivo Empresarial.

A verdadeira missão das empresas é atender ao ser humano

Falar de Organizações nos faz imaginar quais foram as verdadeiras razões que levaram à fundação de diversas empresas. Com certeza, são inúmeros os motivos. Hoje, no entanto, frente à globalização, às alterações climáticas no mundo e às previsões pessimistas sobre o futuro da Humanidade, as Organizações não podem ignorar a necessidade de atender e buscar soluções para o próprio Homem. No Brasil, ainda são poucas as Organizações que vislumbram nos resultados uma forma de garantir o bem-estar e a vida das Pessoas.

Produzir bem-estar é oferecer produtos e serviços que facilitem e valorizem a vida humana. É promover um bom clima organizacional para seus funcionários. É praticar a responsabilidade ambiental e social. É garantir a sua perpetuidade.

Capítulo 3

Onde a Área de Comunicação Interna deve estar posicionada no meu organograma.

Esta é uma velha questão no meio empresarial, mas podemos perceber, nitidamente, três correntes que defendem posicionamentos diferentes.

A primeira corrente é que a Área de Comunicação Interna deve estar subordinada à Área de Recursos Humanos. Por se tratar da Área que cuida das Pessoas na Organização, praticamente é nela onde surgem as Áreas de Comunicação Interna. E teria sido um "casamento perfeito" se as Áreas de Recursos Humanos também já fossem estratégicas nas Organizações. Só que em poucas Empresas isso acontece. Na maioria delas, Recursos Humanos ainda dão prioridade a remuneração, relação sindical, treinamento e desenvolvimento, entre outros, com o objetivo de se alcançar um posicionamento estratégico.

Além disso, em algumas Empresas a Área de Recursos Humanos ainda não ultrapassou o estágio de Administração de Pessoal, o que torna difícil a gestão de qualquer outra Área, ainda mais uma tão específica quanto a de Comunicação Interna.

Também é perceptível que, na maioria das vezes, quando a Área de Recursos Humanos é responsável pela Comunicação Interna, há uma tendência de o foco ser dirigido à divulgação dos programas de RH.

Claro que é importante estes processos serem comunicados. Mas, eles não são os únicos. Afinal, a Comunicação Interna deve priorizar todos os projetos que têm como finalidade os resultados da Organização, além de interagir com todas as Áreas da Empresa.

A segunda corrente é a vinculação da Área de Comunicação Interna ao Marketing. Também seria uma excelente parceria se as Áreas de Marketing, em geral, não interpretassem que a Comunicação Interna é somente uma forma de divulgar antecipadamente, algumas horas antes da Comunicação para o público externo, os novos produtos e serviços da Empresa.

A Comunicação Interna teria um papel mais estratégico se o Marketing se propusesse a divulgar e gerar ações de Comunicação Interna a partir do planejamento estratégico e dos planos de ação e metas para cada um dos produtos e serviços.

A terceira e última corrente é alinhar a Comunicação Interna à Presidência da Organização. Desta forma, a Área tem condições de conciliar os interesses de Recursos Humanos, Marketing e todas as demais Áreas que tenham necessidade de Comunicação estratégica.

Em uma pesquisa sobre Comunicação Interna realizada em 2003, a Associação Brasileira de Comunicação Empresarial – ABERJE – identificou, em consulta a cem Empresas em todo o País, que 49% das Empresas mantêm a Área sob a Gestão de uma Área de Comunicação; 41% a mantêm na Área de Recursos Humanos; e 5% somente a posicionam no Marketing. Um reflexo da autonomia que a Área passa a ter em função de seu papel estratégico.

Minha percepção é de que a evolução natural do posicionamento da Comunicação é estar vinculada diretamente à Presidência. Isto é sinônimo da profissionalização da Área e do amadurecimento das Organizações, que já percebem o resultado gerado no desempenho do negócio. Mas, ao se tornar tão importante no organograma quanto Finanças e Marketing, por exemplo, a Área também passa a ser cobrada, cada vez mais, por resultados.

Capítulo à parte, e que deve ser visto com muita atenção por nossa sociedade, é a responsabilidade de educadora que foi repassada às Empresas. Com o enfraquecimento das instituições familiar e acadêmica, chega às Organizações uma geração de profissionais que precisa aprender o que é ética, moral, bons costumes e hábitos, incluindo até mesmo o conhecimento sobre como se vestir adequadamente, como se comportar nos ambientes variados e como se relacionar.

Quem assume esta responsabilidade? Quem cuida das Pessoas? É preciso estabelecer quais são os padrões éticos para a Organização e cuidar de que eles serão comunicados e apreendidos corretamente pelo público interno. Nesta tarefa, é fundamental que Recursos Humanos e Comunicação Interna estejam em consonância para a formatação e divulgação de seus Códigos de Conduta e Ética, sem esquecer os padrões estabelecidos pela sociedade fora das paredes das Empresas. Caso contrário, estaremos vendo, em futuro bem próximo uma guerra das Organizações do Bem contra as Organizações do Mal.

É preciso fazer com que o público interno tenha referências sólidas em meio a tantas transformações culturais, à globalização, à Internet, à fluidez da informação. É preciso criar massa crítica para um posicionamento dos Cidadãos Corporativos frente ao caldeirão de pensamentos e princípios que funcionam como um verdadeiro turbilhão de sentimentos que podem adoecer as Pessoas.

As síndromes, a generalização das viroses e epidemias e o surgimento de uma variedade de medicinas e curas alternativas convocam o homem a pensar sua vida em variadas esferas: física, mental, emocional, espiritual, social e, principalmente, profissional, já que estamos falando do mundo empresarial.

Capítulo 4

Qual o perfil profissional do responsável e da equipe da Área de Comunicação Interna.

Como uma Área que ganha destaque no plano estratégico das Organizações, a Comunicação Interna, em geral, vem sendo coordenada por profissionais de Comunicação, sejam eles jornalistas, relações públicas ou publicitários, o que representa adequação do perfil profissional ao comando da Área.

Mas outros profissionais com formação em humanas são encontrados como executivos da Área, o que é conseqüência natural da influência e da formação da Comunicação Interna nos Departamentos de Recursos Humanos. Uma novidade bem-vinda é o profissional de Pedagogia Empresarial, carreira nova na grade curricular das universidades, que também tem atuado na Comunicação Interna. Este profissional tem tratado a Área como ferramenta para o processo de educação nas Empresas, o que posso avaliar até agora como uma proposta bastante interessante. Ao mesmo tempo, os profissionais sem formação acadêmica em Comunicação estão procurando se especializar através de cursos de extensão ou pós-graduação nessa disciplina.

No entanto, como costuma valorizar o autor e também estudioso de ambientes organizacionais Roberto de Castro Neves, é fundamental que o profissional de comunicação interna sempre se posicione a serviço da Organização, sem estrelismos ou impaciência com os seus demais pares. É preciso que ele tenha a humildade positiva de compreender que nem sempre o seu Cliente Interno sabe exatamente o que precisa e como comunicar, mas que certamente conhece mais profundamente o assunto a ser comunicado. Também é imprescindível que o profissional de comunicação interna tenha consciência de que sua importância só é percebida quando ele consegue realizar a interseção entre todas as funções e áreas da Empresa, agregando valor e produtividade à Organização. Este é o verdadeiro espírito de *teamwork* do qual as empresas precisam para alcançar bons resultados.

As principais características desejáveis para o Profissional de Comunicação Interna são:

- Ter formação superior nas Áreas de Comunicação, Marketing ou Ciências Humanas e conhecimentos de cultura geral.

- Visualizar de forma estratégica o negócio da Empresa, o mercado onde está inserido e a realidade sociopolítica e econômica do País.

- Ter hábito de leitura e bons conhecimentos de inglês (que facilitam no contato e na leitura de artigos e livros estrangeiros).

- Ter facilidade no relacionamento interpessoal para viabilizar o trânsito em todos os níveis hierárquicos, do faxineiro ao presidente.

- Ser capaz de ouvir, analisar e buscar soluções.

- Ser proativo.

- Conhecer a cadeia de tomada de decisões, procedimentos e processos internos da Empresa.

Para quem deseja atuar na Área de Comunicação Interna, é preciso ter em mente quais são as suas atividades básicas:

- Identificar as necessidades de comunicação dos seus clientes internos, analisá-las criteriosamente e, a partir daí, elaborar o *briefing* do trabalho com uma proposta de ações, identificando os objetivos, estratégias, metas, públicos, prazos etc.

- Definir o desenvolvimento das ações (envolvendo os prestadores de serviços terceirizados, quando for o caso), validando-as com as áreas internas envolvidas e verificando se atendem aos prazos e recursos financeiros determinados.

- Apresentar aos clientes internos as soluções de comunicação encontradas, juntamente com o planejamento de ações, cronograma e processo criativo.

- Organizar e colocar em prática as ações de comunicação, envolvendo primeiro os gestores e os clientes internos que demandaram o projeto.

- Acompanhar o desenvolvimento interno do processo de comunicação, através das ferramentas propostas. Medir seus resultados e impactos internos. Se necessário, propor reforço ou novo direcionamento na comunicação.

Há, ainda, os profissionais de Comunicação Interna que desenvolvem atividades específicas. As mais comuns são a edição de publicações customizadas e a organização de eventos internos. Para estes profissionais, as características mais importantes são:

Na edição de publicações customizadas

- Fácil relacionamento com os Cidadãos Corporativos das diversas Áreas.
- Redação própria, clara e direta.
- Percepção das prioridades para a Organização.
- Imparcialidade nas pautas e nos textos.
- Visão estética e análise de conteúdo aguçadas.
- Compromisso com os prazos.
- Capacidade de gestão de serviços de terceiros.

Na organização de eventos internos

- Facilidade para compreender e contribuir com o *briefing* do Cliente interno.
- Capacidade de conciliar as necessidades específicas de uma Área com os objetivos e valores da Organização.

- Organização de tarefas, por prioridades (*check-list*).

- Imparcialidade no atendimento aos pedidos internos.

- Visão espacial e estética.

- Capacidade de orientação e gestão de serviços dos prestadores de serviços.

Em todas as situações, os profissionais de Comunicação devem ter capacidade de negociação, administração de recursos e foco em resultados. Mas, volto a ressaltar, o mais relevante é sua habilidade para se relacionar em harmonia com toda a Organização, consciente de que ninguém mais do que ele entende de Comunicação na Empresa, mas que o seu Cliente Interno é quem detém o *expertise* do negócio que precisa comunicar.

Outra questão é o tamanho da Equipe de Comunicação Interna nas Empresas. Hoje, em algumas Corporações, a Área é formada por mais de dez profissionais. Mas são poucas as Empresas que têm este perfil e necessidade. A maior parte delas mantém estruturas bastante enxutas, com serviços, através da contratação de empresas de comunicação especializadas. No entanto, não é a quantidade que reflete a eficiência de uma equipe, e sim a percepção das necessidades da Organização.

Capítulo 5

Quando devo implantar e como devo apresentar a Área de Comunicação Interna na minha Empresa.

Quando devo implantar

Nunca é tarde para se implantar uma Área de Comunicação Interna. Uma Empresa com o mínimo de 20 Pessoas, independentemente de seu resultado e atividade, pode e deve estabelecer formalmente a Comunicação Interna. Algumas Organizações recém-criadas acreditam que os primeiros anos ainda são precoces para a implantação de um trabalho de Comunicação Interna. Essa é uma visão míope. Nada melhor do que crescer cuidando de sua cultura organizacional desde a fundação da Empresa.

Outro ponto relevante é que algumas Organizações têm anos de existência e não têm Áreas de Comunicação Interna estabelecidas. Como alcançaram o sucesso, não vêem necessidade de se criar uma Área. No entanto, elas não imaginam o quanto poderiam potencializar seus resultados se profissionalizassem a Comunicação Interna.

Em vez de sistemas informais e amadores de Comunicação Interna, essas Empresas poderiam realizar um trabalho direcionado e profissional de criação de valor para a marca da Organização, considerando o público interno como principal multiplicador e disseminador de sua imagem.

Quando devo implantar e
como devo apresentar a Área de Comunicação Interna na minha Empresa.

Ações de Comunicação Interna também estão intrinsecamente relacionadas a ações de empreendedorismo e criatividade. São tão estimuladoras para uma maior produtividade e performance quanto para a criação de novos negócios e novas formas de se observarem o negócio e seus processos.

Empreendedores não são somente os que abrem novos negócios para si mesmos. São talentos que devem ser avaliados pelas Organizações como os futuros geradores de receita para a Empresa. E, principalmente, sob o ponto de vista de estratégia, são os responsáveis em perceber e criar novos produtos e serviços "substitutos".

Implantar a Área de Comunicação Interna por causa de um momento de crise não é o ideal. Mas, se for necessário, a Empresa deve fazer este investimento. Isto porque a Área de Comunicação Interna tem papel importante na divulgação dos verdadeiros fatos relacionados à crise.

A preexistência da Área seria o ideal porque a atuação da Comunicação Interna, antes ou simultaneamente aos fatos, é fundamental. Mas se, em função da crise, a Área for criada, ela deve cumprir com rigor e adequadamente o seu papel. E sua atuação deverá ser contínua, mesmo após o encerramento da crise.

Como devo apresentar

A criação da Área de Comunicação Interna e os papéis definidos para os seus profissionais devem ser transmitidos para toda a Organização de forma bem clara. A partir daí, a colaboração informal de alguns funcionários que ajudavam com a "criação de cartazetes, festinhas e jornalzinho" deve ser encerrada. Estes funcionários, que antes colaboravam por intuição, devem ser conquistados pela Comunicação Interna e, quem sabe, tornar-se colaboradores efetivos da nova Área.

A apresentação da Área de Comunicação Interna para toda a Organização a insere com respeito no organograma da Empresa. Assim, ela poderá apresentar a sua metodologia de trabalho, seus produtos e serviços, colocando-se à disposição das demais Áreas.

Para Empresas com alto grau de hierarquia, sugerimos que a Área seja, no mínimo, uma Gerência, a fim de facilitar seu trânsito nos níveis mais elevados da Organização. Também é recomendável que o diminutivo não seja mais usado para citar os produtos da Área. Exemplo: Jornal é Jornal e não "jornalzinho", o que caracteriza, na nossa cultura, algo de pouco valor.

Capítulo 6

Como posso definir os públicos-alvo da Comunicação Interna. E qual linguagem devo adotar com os meus públicos.

Como definir

A definição dos públicos-alvo é o primeiro passo para se organizar um Plano de Comunicação Interna. Saber quem serão os receptores da ação define a linguagem, a mensagem, os meios e os canais de comunicação, assim como a forma pela qual serão avaliados os resultados da ação.

Na Comunicação Face a Face, identificar os receptores implica seleção natural e correta de quem será o emissor. Numa Organização, nem sempre o Gestor é o Líder. Há quem tenha carisma maior para realizar a comunicação. São os "famosos" líderes de opinião.

Na Comunicação Interna, no entanto, é fundamental considerar o público gerencial de uma Empresa como um grupo específico. Ainda são eles os detentores de poder e responsáveis por permitirem o fluxo da comunicação.

Hoje, no Brasil, já começa a se tornar comum, em algumas Organizações, a produção, pelas Áreas de Comunicação Interna, de *broadsides* para os gerentes, apresentando o conceito, os objetivos, as peças e o que se espera deste público nos lançamentos das campanhas de Comunicação Interna. Esta atitude é correta e deve ser cada vez mais estimulada.

Capítulo especial é a família. Na década de 1970, época do chamado "Milagre Econômico", quando houve o *boom* de entrada das companhias americanas no mercado brasileiro, várias delas, para serem simpáticas aos seus funcionários e familiares, promoveram encontros visando estimular o relacionamento Empresa/Família.

Em geral, eram empresas de varejo que, além de envolver suas equipes para bater metas de vendas, também percebiam nos familiares de seus funcionários uma oportunidade de divulgação de suas marcas. Esta prática ainda hoje é utilizada e gera resultados.

Sinônimo de sucesso são os programas de visitação de filhos e esposas às instalações de empresas. Alguns programas são tão sofisticados que atuam até mesmo na preparação de filhos de funcionários para a escolha de sua carreira profissional, incentivando carreiras comuns às Organizações.

Entre os funcionários, também podemos distinguir públicos diferenciados, independentemente do nível hierárquico, como os gerentes. Eles podem ser classificados por área de atuação. Por exemplo: Área Comercial, Industrial, Técnica etc.

Separar por áreas de atuação permite a criação de meios de comunicação com foco na ação estratégica desses públicos. Isto significa que a Área de Comunicação Interna pode realizar campanhas de incentivo para a obtenção de menores prazos que reflitam uma maior produtividade, ou campanhas para fazer melhor por menos, entre outras ações que influenciam diretamente os resultados da Organização.

Outro ponto relevante, sobre o qual não há consenso e que precisa ser amplamente discutido, é a inclusão de profissionais terceirizados como um dos públicos-alvo no processo de Comunicação Interna das Empresas. A terceirização é um fenômeno relativamente recente no mundo do trabalho, mas que veio para ficar, sobretudo em função do alto custo de contratação gerado pela legislação trabalhista. A participação de mão-de-obra

Como posso definir os públicos-alvo da Comunicação Interna. E qual linguagem devo adotar com os meus públicos.

"indireta" é uma realidade nas Empresas, sendo que em algumas delas chega a ultrapassar o número de profissionais contratados diretamente.

Na prática, independente do contrato trabalhista, eles também são Cidadãos Corporativos e precisam ser oficialmente "vistos" pelas Organizações, já que atuam diretamente nos resultados esperados. Se esta população "extramuros" cresce exponencialmente, como costuma definir Roberto de Castro Neves, as Empresas precisam encontrar uma forma de incluí-la nas promoções, campanhas, eventos e veículos de comunicação.

E devemos ir além. É preciso considerar ainda, no processo de Comunicação Interna, os fornecedores estratégicos. Por atuarem como prestadores de serviço para diferentes Organizações de segmentos variados, vivenciando, assim, muitas novidades em experiências e soluções de comunicação, eles podem servir à Organização, em algumas situações, como agentes de reflexão e motivação para a ação em determinadas iniciativas. Exatamente por isso, empresas mais avançadas e com visão de futuro já costumam incluí-los em seus programas de treinamento e reuniões estratégicas.

Qual linguagem adotar

A partir da definição dos públicos-alvo, é preciso avaliar que linguagem deve ser utilizada com cada um deles. O nível socio-econômico-cultural de cada Cidadão Corporativo sempre é bastante diversificado. Independe inclusive do nível hierárquico que mantém na Organização.

Por este motivo, a utilização de uma linguagem concisa – o que significa clara, objetiva, curta e ilustrada – sempre é a melhor solução. Isto porque ela será capaz de atingir desde o importante "chão de fábrica" até o mais alto escalão.

A linguagem visual – *design* – também deverá sempre estar associada a ícones e imagens que remetam imediatamente à mensagem a ser transmitida.

Como posso definir os públicos-alvo da Comunicação Interna. E qual linguagem devo adotar com os meus públicos.

Assim como a Comunicação Externa, a Interna deve ser muito atraente e impactante. Deve seduzir e encantar. O tratamento da linguagem também pode ser "sofisticado", como o preparado para os consumidores externos. Sem todos esses cuidados, os Cidadãos Corporativos rejeitam e não se sentem valorizados pela Comunicação.

O apuro estético dos materiais que são produzidos, os veículos e as campanhas de Comunicação Interna são percebidos como diferenciais e, principalmente, respeito pelos Cidadãos Corporativos.

O que pensamos, o corpo expressa. Assim também funciona na Comunicação Face a Face. A linguagem corporal também deve ser uma preocupação dos Líderes ao desenvolverem a Comunicação Interna.

Um comunicado, antes de ser levado ao público, deve ser revisto e absorvido por seu emissor. Só assim a consistência, através da convicção do Líder, será percebida pelos seus receptores.

No mundo cada vez mais digital, o sensorial ganha importância relevante. As pessoas que vivem na teia do relacionamento virtual precisam tocar, sentir, falar, ouvir, perceber e ter outras tantas sensações.

Capítulo 7

Como devo fazer um Plano de Comunicação Interna. Quais os serviços e produtos da Área de Comunicação Interna.

Para se estabelecer corretamente, a Área de Comunicação Interna deve traçar um Plano de Ação com o objetivo de organizar e sistematizar as suas atribuições, apresentando para toda a Organização, com clareza, os seus papéis de mobilização, motivação e monitoramento da percepção dos Cidadãos Corporativos em relação às estratégias estabelecidas pela Empresa frente ao mercado.

A necessidade de um Plano de Comunicação Interna

A Comunicação Interna é um dos principais processos – assim como o nível gerencial da Empresa – para se levar ao público interno as estratégias, objetivos e os valores da Empresa. Para que essa comunicação seja efetiva e gere resultados, torna-se fundamental que esteja organizada e unificada, viabilizando a atuação da Área de Comunicação Interna. Só assim poderão ser identificados e atingidos corretamente os públicos em seus diversos escalões e regiões geográficas, mantendo a unidade da mensagem e fortalecendo o comprometimento dos Cidadãos Corporativos.

Objetivos do Planejamento de Comunicação Interna

- Ser um instrumento de gestão para dar unicidade à comunicação relacionada aos objetivos estratégicos da Empresa.

- Identificar os sentimentos, necessidades, comportamentos e opiniões dos Cidadãos Corporativos, para que sirvam de base para o desenvolvimento da comunicação.

- Motivar para o melhor desempenho individual e coletivo, a partir do alinhamento com os objetivos estratégicos da Empresa.

- Informar, formar e comunicar.

- Facilitar a compreensão da necessidade de se aliar o perfil profissional ao perfil Empresarial da Empresa, tornando cada vez mais transparente o modelo de gestão adotado pela Empresa.

- Criar e/ou fortalecer a aliança entre os Líderes e os demais Cidadãos Corporativos, ampliando a divulgação sobre a Empresa e o mercado em que atua, ressaltando a importância e o valor do trabalho de todos, e estimulando o orgulho de fazer parte da equipe.

Diretrizes para o Planejamento de Comunicação Interna

- Incentivar o Cidadão Corporativo a compreender e aceitar as atividades de Comunicação Interna.

- Garantir que a comunicação ao público interno esteja alinhada às estratégias, objetivos e valores da Empresa, assim como aos princípios da Comunicação Interna.

Princípios da Comunicação Interna

- **Confiança nos Canais de Comunicação:** demonstrar a utilidade e os benefícios gerados pela Comunicação Interna, fazendo com que os seus canais de divulgação sejam fontes confiáveis de informação.

- **Verdade da Informação:** ter o compromisso de que toda e qualquer informação divulgada seja verdadeira, assim como de que suas fontes sejam seguras e oficiais.

- **Agilidade na Informação:** todas as informações baseadas em fatos de interesse da Empresa e do Cidadão Corporativo devem ser transmitidas rapidamente, a fim de evitar e/ou reduzir comunicação paralela, informal e, conseqüentemente, distorcida. A competência e a velocidade da "Rádio Corredor" é um fantasma que ronda todas as Empresas.

- **Comunicação Face a Face e por Multiplicadores:** a direção da Empresa deverá manter aberto o canal de comunicação com os empregados, sempre que necessário. Cabe aos gerentes o papel de multiplicadores das informações. Para a execução dessa tarefa, eles devem ser treinados para o contato face a face e, se possível, avaliados pela competência e habilidade relativas a essa responsabilidade.

- **Otimização dos Recursos:** ter o propósito de otimizar a utilização dos recursos, evitando excessos em mídias Internas e desperdícios de materiais.

- **Compromisso com a Linguagem:** utilizar linguagem adequada ao perfil profissional dos funcionários, considerando as características predominantes do público.

Além disso, sabemos ser necessário quebrar distâncias que, algumas vezes, são físicas, mas, na sua grande maioria, representam uma dificuldade de relacionamento. A Comunicação Interna tem, neste caso, a oportunidade de desenvolver um programa de relacionamento que envolva os níveis de alta administração e gerencial. O objetivo dessa ação é municiar o presidente, diretores e gerentes com informações que facilitem o contato face a face e as reuniões com a equipe.

Empresas formadas por várias unidades espalhadas pelo País devem ter atenção especial para que os funcionários fora da sede não se sintam discriminados. É de grande importância, por exemplo, que os diretores aproveitem suas viagens às unidades e reservem um tempo para almoçar e/ou tomar café da manhã com as equipes.

Os Produtos e Serviços de Comunicação Interna

No processo de unicidade da mensagem corporativa, os veículos de Comunicação devem ser centralizados na Área de Comunicação Interna na sede da Empresa e contar com a participação dos profissionais da Área nas unidades de outros Estados na proposta de temas e no envio de materiais. Esta participação de representantes das filiais propicia a criação de um Comitê Interno de Comunicação.

Na prática, há dois exemplos de Comitês bem-sucedidos. Um é formado por profissionais da Área de Comunicação Interna da sede e das filiais que se encontram ou realizam reuniões virtuais para troca de informações, estabelecimento de diretrizes e atualização dos padrões estabelecidos.

Outra forma de Comitê é aquele que dá oportunidade de participação a profissionais de outras áreas da Organização. A visão multidisciplinar desses executivos – que também podem estar nos mais diferentes níveis hierárquicos – permite à Área de Comunicação Interna ter uma visão crítica de sua atuação, de seus produtos e serviços.

Há ainda quem combine essas duas formas de Comitê. O objetivo é único: fazer com que a Área de Comunicação Interna tenha sucesso em sua proposta de trabalho e que sua atuação seja percebida como estratégica e não como um item de despesa.

Para lograr sucesso, a Área de Comunicação Interna deve ter seus próprios produtos, garantidos através de um centro de custo – o que simboliza o investimento da Organização. Estes produtos, caracterizados pela prestação de serviços, no mínimo devem ser informativos. Em algumas Organizações, já são hoje fortes marcas percebidas pelo público interno.

Um dos produtos mais comuns nas Empresas são os ***Canais de Comunicação Impressos***. Utilizados, em geral, para veiculação de informação e divulgação de promoções internas exclusivas, são eles:

Canais de Comunicação Interna

- Jornal Interno
- Revista Interna
- Boletim Gerencial com assuntos exclusivos para este nível hierárquico
- Jornal Mural
- Informativos dirigidos ou especiais

Já os ***Canais de Comunicação Virtuais*** ganham cada vez mais espaço nas Empresas. Por serem muito ágeis, são de grande utilidade para fortalecer o fluxo da Comunicação Interna, principalmente com o nível gerencial cada vez mais ocupado com atividades e responsabilidades.

Algumas empresas optaram por substituir os Canais Impressos pelos Virtuais. Isto é bastante questionável e precisa levar à seguinte reflexão: sua Empresa é 100% informatizada e dispõe de recursos adequados? O que deve ser mais eficaz: apostar em um único canal de comunicação ou em um *mix* de canais? A resposta é praticamente imediata. A partir de um conjunto de ações, a eficiência da comunicação é maior. São Canais Virtuais:

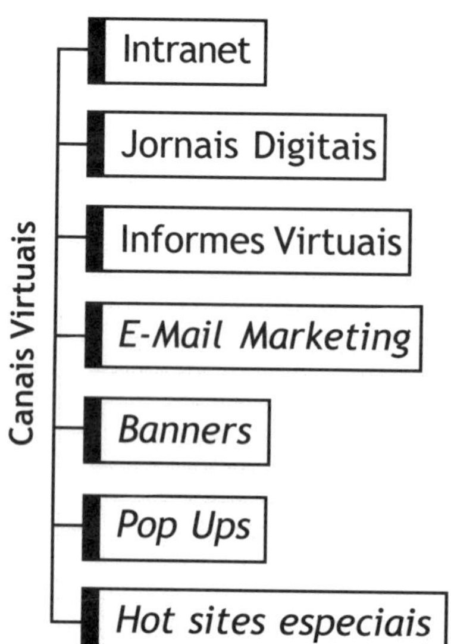

Atenção: como produto da tecnologia de ponta, os *blogs* passaram a ser indicados também para a Comunicação Interna. É preciso ter em mente que este novo canal hoje atende somente a Empresas com índice elevado de informatização e alto grau de conhecimento do uso das ferramentas *web*.

Antes de desenvolver novos produtos para a Área de Comunicação Interna e para avaliar a eficácia dos produtos e campanhas, é imprescindível adotar ***Indicadores da Comunicação Interna***. São as Pesquisas Corporativas e as Promoções para análise de *recall*:

- Pesquisa de Clima Organizacional – realizada com a Gestão da Área de Recursos Humanos, é excelente para servir como Indicadores da Comunicação Interna. Em geral, o ato de comunicar internamente na Empresa é avaliado como item para definir as melhores empresas para se trabalhar.

- Pesquisa *Focus Group* – pode substituir o Comitê de profissionais de Áreas e escalões diversos da Empresa.

- Promoções nos Canais de Comunicação Impressos e Virtuais.

- Pesquisa *on-line* – via Intranet.

Na ausência de profissionais da Área de Comunicação Interna em outras unidades da Empresa, um ***Programa de Suporte à Comunicação Interna*** é vital para a sustentação dos trabalhos e alimentação da cadeia de informações da Área.

Para estabelecer a Comunicação Interna, torna-se necessária, além da distribuição de materiais, a manutenção das atividades que identifiquem e comprovem tecnicamente o que se passa com os empregados – grau de interesse, dúvidas e envolvimento.

A definição de Correspondentes Internos, treinados e organizados, é de elevada importância para o funcionamento de todo o processo e do fluxo da Comunicação Interna, favorecendo a agilidade das informações e a otimização de recursos.

As ***Campanhas de Comunicação Interna*** formam um capítulo especial. Cada vez mais valorizadas e percebidas nas Organizações, são elas, atualmente, as grandes responsáveis pelos resultados da Área de Comunicação Interna nas Empresas.

As campanhas de Comunicação Interna, para serem percebidas pela Organização, devem ter como premissa básica o "enquadramento" em, pelo menos, um dos focos definidos abaixo:

Com foco na Geração de Valor

São as campanhas de valorização das atividades relacionadas ao negócio. Também se incluem as campanhas de incentivo às ações de responsabilidade social e/ou de voluntariado, assim como assuntos pertinentes à Gestão Ambiental.

Com foco na Obtenção de Resultados

Campanhas de estímulo à obtenção de melhores índices de produtividade e de compromisso com a geração de resultados. Temas relacionados ao atendimento ao Cliente, ao lançamento de um Produto, divulgação de Mudanças e novos Processos.

Com foco na Valorização do Empregado

Campanhas que valorizem o papel do empregado nas atividades da Empresa e divulguem comportamentos e atitudes esperados pela Organização. Ações que tenham como foco o trabalho em equipe e a importância de papéis definidos.

Também poderão ser divulgados, através de campanhas com foco na valorização do Cidadão Corporativo, os programas de Recursos Humanos, como por exemplo:

- Programa de Remuneração Variável:
  - Participação Coletiva nos Resultados.
  - Avaliação do Desempenho Individual.
- Plano de Desenvolvimento do Funcionário.
- Banco de Oportunidades.
- Programa de Estágio.
- Programa de Capacitação de *Trainees*.
- Acordo Coletivo de Trabalho.
- Plano de Ações Focadas na Pesquisa de Clima.
- Programa de Benefícios.
- Programa de Boas Vindas (*Welcome Kit*).

Há ainda os Projetos Especiais

Com o objetivo de gerar mobilização e maior envolvimento dos Cidadãos Corporativos, devem ser desenvolvidas campanhas que poderão incluir eventos ou não, de acordo com o tema.

- Datas Comemorativas - Aniversário da Empresa, Alcance de Metas e Resultados.

- *Talk Show.*

- Vídeo Corporativo.

- Memória – Organização de Arquivo Fotográfico e Filmoteca.

Capítulo 8

Conclusão

Na acelerada transformação do mundo, as Organizações são fundamentais. Nelas, as Pessoas passam grande parte de suas vidas. Por isso, devem ter o direito de participar e decidir os seus rumos. Pessoas têm razão e emoção. As Organizações precisam saber ouvir e dar retorno às suas expectativas, se quiserem ser bem-sucedidas. Assim, atendem aos seus Cidadãos Corporativos e aos seus Consumidores. Consolidam sua imagem e valorizam a sua Marca. Geram resultados a partir da motivação de seus profissionais, que se tornam verdadeiros aliados do negócio e co-responsáveis pelo sucesso e desempenho da Organização.

Reflexões

Após a leitura do livro, convido você a fazer as seguintes reflexões em relação à Empresa onde trabalha:

- A Área de Comunicação Interna é Estratégica ou Operacional?

- A Área de Comunicação Interna é um Investimento para o Resultado?

Reflexões

- A Área de Comunicação Interna deve educar a Liderança para a Comunicação Interpessoal?

- A Área de Comunicação Interna deve cuidar do Emocional da Empresa?

- Cuidar bem da Comunicação Interna é cuidar bem da Marca da sua Empresa?

- A Área de Comunicação Interna é uma ferramenta estratégica para quem quer ser uma Empresa Única?

E se, após essas reflexões, você tiver interesse e/ou disponibilidade, por favor, envie sua mensagem, via mail, para: paulocIemen@casadocliente.com.br

Bibliografia

- BAHIA, JUAREZ. **Introdução à Comunicação Empresarial.** Rio de Janeiro: Mauad Editora, 1995.

- BOTELHO, EDUARDO. **O Vencedor.** São Paulo: Editora Gente, 2000.

- **Comunicação Interna – A Força das Empresas – Volume 1.** São Paulo: ABERJE Editorial, 2004.

- **Dicionário Houaiss da Língua Portuguesa.** Rio de Janeiro: Editora Objetiva, 2001.

- MCKENNA, REGIS. **Marketing de Relacionamento.** Rio de Janeiro: Editora Campus, 1992.

- MOURA, PAULO C. **Construindo o Futuro – O impacto global do novo paradigma – Pessoas, Empresas e Sociedades.** Rio de Janeiro: Mauad Editora, 1994.

- ________________. **A Crise do Emprego – Uma Visão Além da Economia.** Rio de Janeiro: Mauad Editora, ano.

- ________________. **Na direção do Século XXI – O Brasil e a Empresa nos Anos 90.** Rio de Janeiro: Laboratórios B.Braun S.A, 1990.

Bibliografia

- NEVES, ROBERTO DE CASTRO. **Imagem Empresarial.** Rio de Janeiro: Mauad Editora, 1998.
- ________________________ . **Comunicação Empresarial Integrada.** Rio de Janeiro: Mauad Editora, 2000.
- ________________________ . **Crises Empresariais com a Opinião Pública.** Rio de Janeiro: Mauad Editora, 2002.
- POPCORN, FAITH. **Relatório Popcorn.** Rio de Janeiro: Editora Campus, 1993.
- ____________ ; HANFT, ADAM. **O Dicionário do Futuro.** Rio de Janeiro: Editora Campus, 2002.
- ____________ ; MARIGOLD, LYS. **Click.** Rio de Janeiro: Editora Campus, 1997.
- **Relações com o Público – Série Empresas Emergentes.** São Paulo: Makron Books, 1992.
- SANDERS, TIM. **O Amor é a Melhor Estratégia.** Rio de Janeiro: Editora Sextante, 2003.
- TRANJAN, ROBERTO ADAMI. **Metanóia.** São Paulo: Editora Gente, 2002.

Últimas palestras realizadas pelo Autor

- **Organização do I Simpósio de Comunicação Integrada**, com o apoio da ABERJE e da ABRH – RJ, que contou com a presença de 250 profissionais de comunicação e executivos do mercado do Rio de Janeiro e São Paulo como palestrantes.

- **Palestra sobre Comunicação Interna – Relevância para as Organizações – Cases** Turma MBA Marketing – Coppead/UFRJ.

- **Palestra Estratégica sobre Comunicação Interna** – 4° Encontro Nacional de Marketing e Comunicação para os profissionais de comunicação de todo o Sistema SENAC.

- **Palestra Ceres/Cetrein – ABRH–RJ –** A Comunicação Interna e o Processo de Mudança Organizacional. Palestra que alcançou os melhores índices de avaliação.

- **Workshop Comunicação Interna –** Papel Estratégico na ABRH –RJ.

- **Palestra sobre a Importância da Comunicação para uma Melhor Qualidade de Vida nas Empresas –** NUCLEP.

- **Workshop Comunicação Interna – Posicionamento Estratégico para o Núcleo de Recursos Humanos** – Petrópolis/RJ em parceria com a Divisão de Desenvolvimento da Universidade Católica de Petrópolis.

- **Encontro dos Profissionais de Marketing e Propaganda** – UniverCidade/RJ.

- **Ciclo de Palestras para Área Médica** – A Comunicação como fator preponderante no marketing de relacionamento.

- **Workshop ABRH-RJ** – A importância da Comunicação no Marketing Pessoal.

- **Palestra no Programa Interno Café com Cultura** da L'Oréal.

- **Artigos assinados** no Boa Chance/O Globo, Gazeta Mercantil e Monitor Mercantil.

Leia também da mesma Editora:

IMAGEM EMPRESARIAL
Roberto de Castro Neves

COMUNICAÇÃO EMPRESARIAL INTEGRADA
Roberto de Castro Neves

CRISES EMPRESARIAIS COM A OPINIÃO PÚBLICA
Roberto de Castro Neves

INTRODUÇÃO À COMUNICAÇÃO EMPRESARIAL
Juarez Bahia

JORNALISMO E RELAÇÕES PÚBLICAS
Boanerges Lopes e Roberto Fonseca Vieira
(organizadores)

CRIATIVIDADE DE GUERRILHA
Jay Conrad Levinson

HISTÓRIA DA IMPRENSA NO BRASIL
Nelson Werneck Sodré

ÉTICA, CIDADANIA E IMPRENSA
Raquel Paiva
(organizadora)

ÉTICA NA COMUNICAÇÃO
Ester Kosovski
(organizadora)

Nota:

O autor Paulo Clemen realiza consultoria para **Implantação** de Áreas de Comunicação Interna e **Diagnóstico** da Área, além de cursos e palestras sobre o tema.

Estudioso de ambientes organizacionais, desenvolve um ciclo de análise com os funcionários, relacionado ao conhecimento sobre o negócio, às estratégias e metas da empresa. Além de medir o índice de satisfação de seus funcionários quanto à Liderança, à Comunicação, aos Benefícios, entre outras particularidades organizacionais.

Contato: paulocLemen@casadocliente.com.br

Telefones: (55) (21) 2549.1217/9914.0228.

Para saber mais sobre nossos
títulos e autores, visite nosso site:
www.mauad.com.br

Este livro, da MAUAD Editora,
foi impresso em papel ofsete 90g,
na gráfica Sermograf